찰리 프라이스 지음 | 디즈니를 오래 사랑해 온 아동·청소년책 작가다. 디즈니에서 나오는 책을 쓰고, 만화 스토리 작업도 하며 디즈니 콘텐츠 전반을 활발히 만들고 있다.

김아림 옮김 | 서울대학교에서 공부하고 같은 대학원 과학사 및 과학철학 협동 과정에서 석사 학위를 받았다. 출판사에서 과학책을 만들다가 지금은 책 기획과 번역을 하고 있다.

**내셔널지오그래픽 키즈 사이언스 리더스
LEVEL 2 아이언맨, 자석이 되다!**

1판 1쇄 찍음 2025년 8월 20일 1판 1쇄 펴냄 2025년 9월 15일
지은이 찰리 프라이스 옮긴이 김아림 펴낸이 박상희 편집장 전지선 편집 이혜진 디자인 김연화
펴낸곳 ㈜비룡소 출판등록 1994.3.17.(제16-849호) 주소 06027 서울시 강남구 도산대로1길 62 강남출판문화센터 4층
전화 02)515-2000 팩스 02)515-2007 홈페이지 www.bir.co.kr 제품명 어린이용 반양장 도서 제조자명 ㈜비룡소
제조국명 대한민국 사용연령 3세 이상 ISBN 978-89-491-6949-1 74400 / ISBN 978-89-491-6900-2 74400 (세트)

NATIONAL GEOGRAPHIC KIDS READERS LEVEL 2
MARVEL'S IRON MAN GOES MAGNETIC by Charlie Price
Copyright © 2025 National Geographic Partners, LLC.
Korean Edition Copyright © 2025 National Geographic Partners, LLC.
All rights reserved.
NATIONAL GEOGRAPHIC and Yellow Border Design are trademarks of the
National Geographic Society, used under license.
MARVEL, the MARVEL logo, IRON MAN and related properties are trademarks
and/or copyrights, in the United States and other countries,
of MARVEL and/or its affiliates. © 2025 MARVEL.
이 책의 한국어판 저작권은 National Geographic Partners, LLC.에 있으며, ㈜비룡소에서 번역하여 출간하였습니다.
저작권법에 의해 한국 내에서 보호를 받는 저작물이므로 무단 전재와 무단 복제를 금합니다.

그림 저작권 Illustrated by Ron Lim with colors by Israel Silva
사진 저작권 AS= Adobe Stock; SS=Shutterstock
ALL MARVEL CHARACTERS, ARTWORK, AND LOGOS © 2025 MARVEL
Cover: (magnet), d1sk/AS; (screw bolt), Adeus Buhai/AS; (paper clip), Ilya Podoprigorov/AS; (nails), Achira22/AS; (nail), Antti Karppinen/AS; (lightning), d1sk/AS; 1 (lightning), d1sk/AS; 1 (BACKGROUND), ArtBackground/AS; 1 (magnet), d1sk/AS; 1 (UP LE), Mark Garlick/Science Source; 1 (UP RT), pressmaster/AS; 1 (LO), New Africa/AS; 6-7, Uros Petrovic/AS; 8–9, Siberian Art/SS; 10, Gustavo Tello/National Geographic Partners, LLC; 11 (UP), Gustavo Tello/National Geographic Partners, LLC; 13 (UP), kolesnikovserg/AS; 13 (CTR), Tetra Images/Getty Images; 13 (LO), Anatoly Repin/AS; 17, Science Source; 18–19, vchalup/AS; 20 (UP), BillionPhotos/AS; 20 (CTR), Delmas Lehman/AS; 20 (LO RT), Marcello Bertinetti/Science Source; 21 (UP), michelangeloop/ SS; 21 (CTR), Michael LaMonica/SS; 21 (LO), NASA/JPL Caltech/SwRI/MSSSNASA/Kevin M. Gill; 26 (LO), pressmaster/AS; 27 (LE), Montri Thipsorn/AS; 27 (RT), Mark Garlick/Science Source; 28 (RT), Colin Wheeler/National Geographic Partners, LLC; 29 (UP LE), Colin Wheeler/National Geographic Partners, LLC; 29 (UP RT), Colin Wheeler/National Geographic Partners, LLC; 29 (LO), Colin Wheeler/National Geographic Partners, LLC; 30 (UP), showcake/AS; 30-31, max dallocco/AS; 31 (LO), michelangeloop/ SS; 32 (compass), 9dreamstudio/AS; 32 (magnet), New Africa/AS; 32 (metal), Aleksandr Matveev/AS; 32 (magneric force), Uros Petrovic/AS; 32 (magnetic field), Andrea Danti/AS; 32 (poles), alexlmx/AS

이 책의 차례

어벤져스 타워에서	4
자석이 뭐야?	6
자석의 극	8
자석의 밀고 당기기	10
자석 주변에 무슨 일이?	16
자석에 관한 6가지 기막힌 사실	20
다시 연구실에서	22
자석으로 길을 찾으려면?	26
아이언맨과 함께 나침반 만들기	28
도전! 자석 박사	30
이 용어는 꼭 기억해!	32

어벤져스 타워에서

아이언맨이 어벤져스 타워 연구실에서 새로 만든 슈트를 입어 보고 있었어. 슈트는 단단한 철로 만들어졌지. '아이언맨'이라는 이름도 '철 사나이'라는 뜻이야.

"도시가 위험에 빠졌다. 어벤져스, 출동이다!"

바로 그때 토르가 연구실 문을 박차고 들어왔어.

그런데 토르는 들어오자마자 연구실 전선에 발이 걸려 넘어지면서 책상을 세게 들이받았어. 그 충격으로 책상 위에 있던 자석이 휙 날아가 아이언맨의 새 슈트에 찰싹 달라붙었지.

쿵!

자석이 뭐야?

아이언맨은 슈트가 왜 갑자기 **자석**처럼 물건들을 끌어당기는지 알아내야 했어.

자석이 뭐냐고? 자석은 클립이나 못처럼 몇몇 **금속**으로 된 물건을 끌어당기는 물체야. 유리, 나무, 플라스틱 등은 끌어당기지 않지. 자석은 구리나 금, 은 같은 금속을 밀어내기도 해. 이렇게 자석이 금속을 끌어당기거나 밀어내는 힘을 통틀어서 **자기력**이라고 한단다.

자석 용어 풀이

자석: 몇몇 금속을 끌어당기거나 밀어내는 물체.

금속: 단단하고 반짝이며, 전기나 열이 잘 통하는 물질.

자기력: 자석이 금속을 끌어당기거나 밀어내는 힘.

자석의 극

지구는 하나의 거대한 자석이야. 지구 한가운데 있는 뜨거운 철이 끊임없이 움직이면서 지구 전체가 자석처럼 된 거지. 지구의 양쪽 끝에는 두 개의 극이 있는데, 북쪽 끝은 S극, 남쪽 끝은 N극이야. 모든 자석은 지구처럼 양쪽 끝에 극이 있어. 이 극에서 자석의 힘이 가장 세.

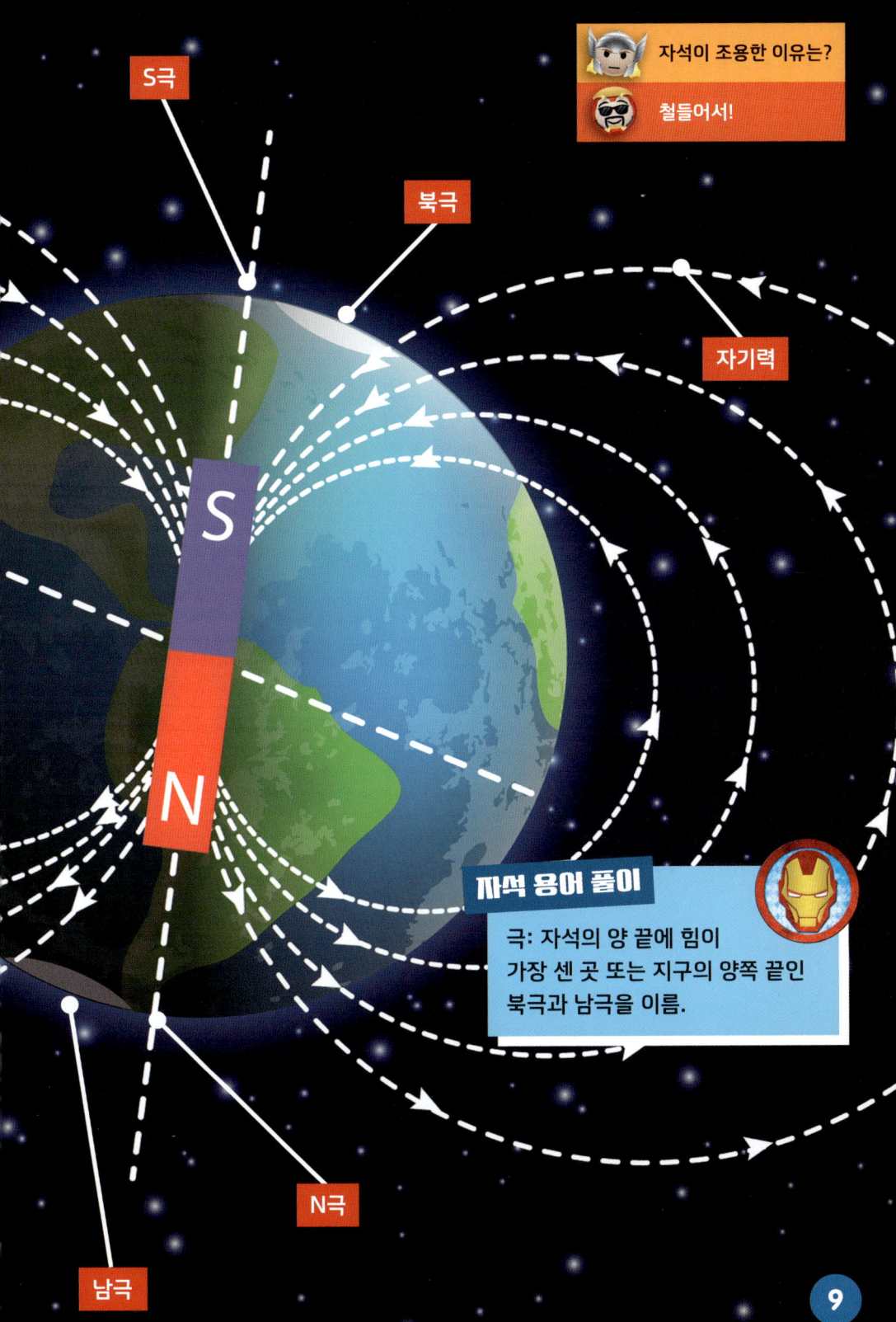

자석의 밀고 당기기

자석과 자석을 가까이 대면 무슨 일이 일어날까? 어떤 자석의 N극을 다른 자석의 S극 옆에 가져다 대면 신기한 일이 벌어져! 두 자석이 서로를 끌어당기듯 스르르 다가가다가 딱 달라붙지. 마치 아이언맨 슈트에 클립이 붙은 것처럼 말이야.

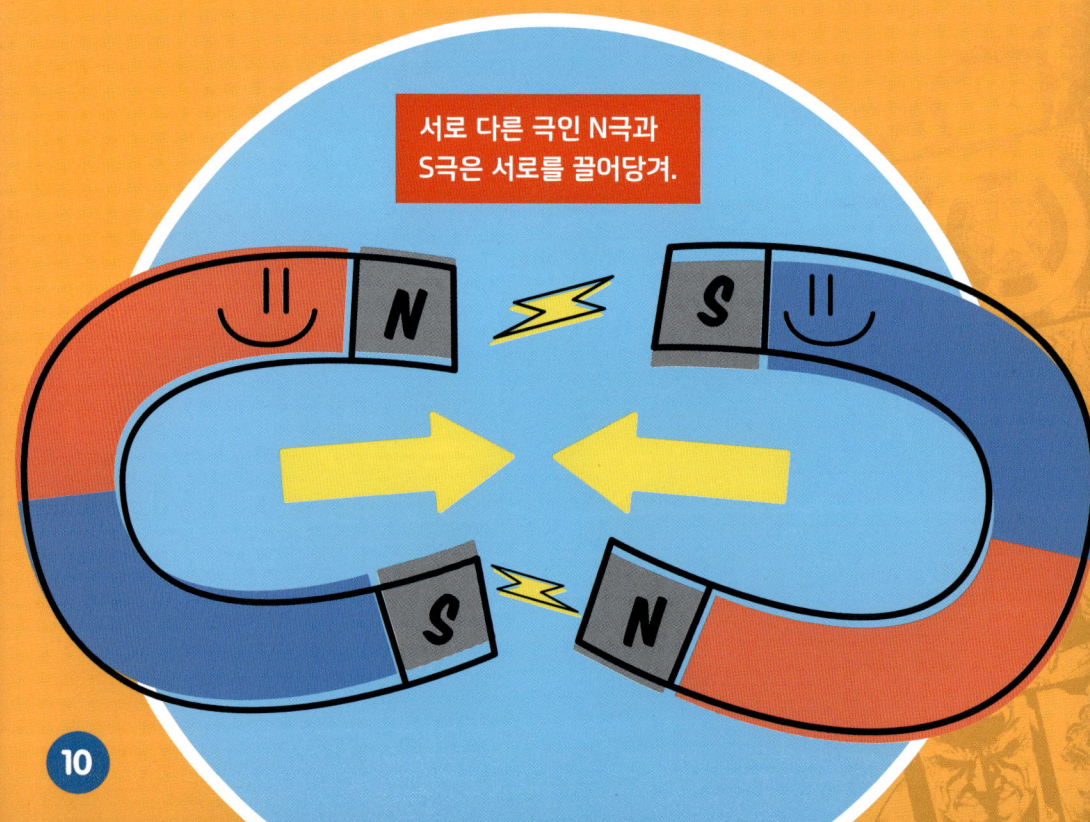

서로 다른 극인 N극과 S극은 서로를 끌어당겨.

같은 극끼리는 서로 밀어내지.

반대로 같은 극끼리는 서로 가까워지지 않고 밀어내. 툭툭 튕기듯 밀어내면서 멀어지려 하지.

휘익!

왜 내 슈트에는 쇠붙이들이 안 달라붙지?

아이언맨이 그러는데, 모든 금속이 자석처럼 되는 건 아니래. 자석이 될 수 없는 금속도 있다는 거야. 예전 슈트는 그런 금속으로 만들어서 쇠붙이들이 달라붙는 일은 없었어. 그런데 이번 새 슈트는 달라! 자석이 될 수 있는 특별한 금속, 바로 **철**로 만들었거든.

철뿐만 아니라 니켈이나 코발트 같은 금속도 자석처럼 될 수 있어. 과학자들은 이런 금속에 **강자성**이 있다고 해. 쉽게 말하면, 자석이 될 수 있는 성질을 가진 금속이라는 뜻이야.

철은 냄비나 프라이팬 같은 주방 도구를 만드는 데 많이 써.

니켈은 주로 동전의 재료로 쓰이지.

코발트는 전지(배터리)를 만들 때 꼭 필요해.

강자성 금속은 자석 가까이에 가면 자석처럼 변해. 그래서 철로 만든 아이언맨의 새 슈트에 자석이 딱 붙은 순간, 슈트가 자석이 되어 버린 거야! 이제 아이언맨은 새로운 능력을 얻었어. 바로 자석의 힘이지!

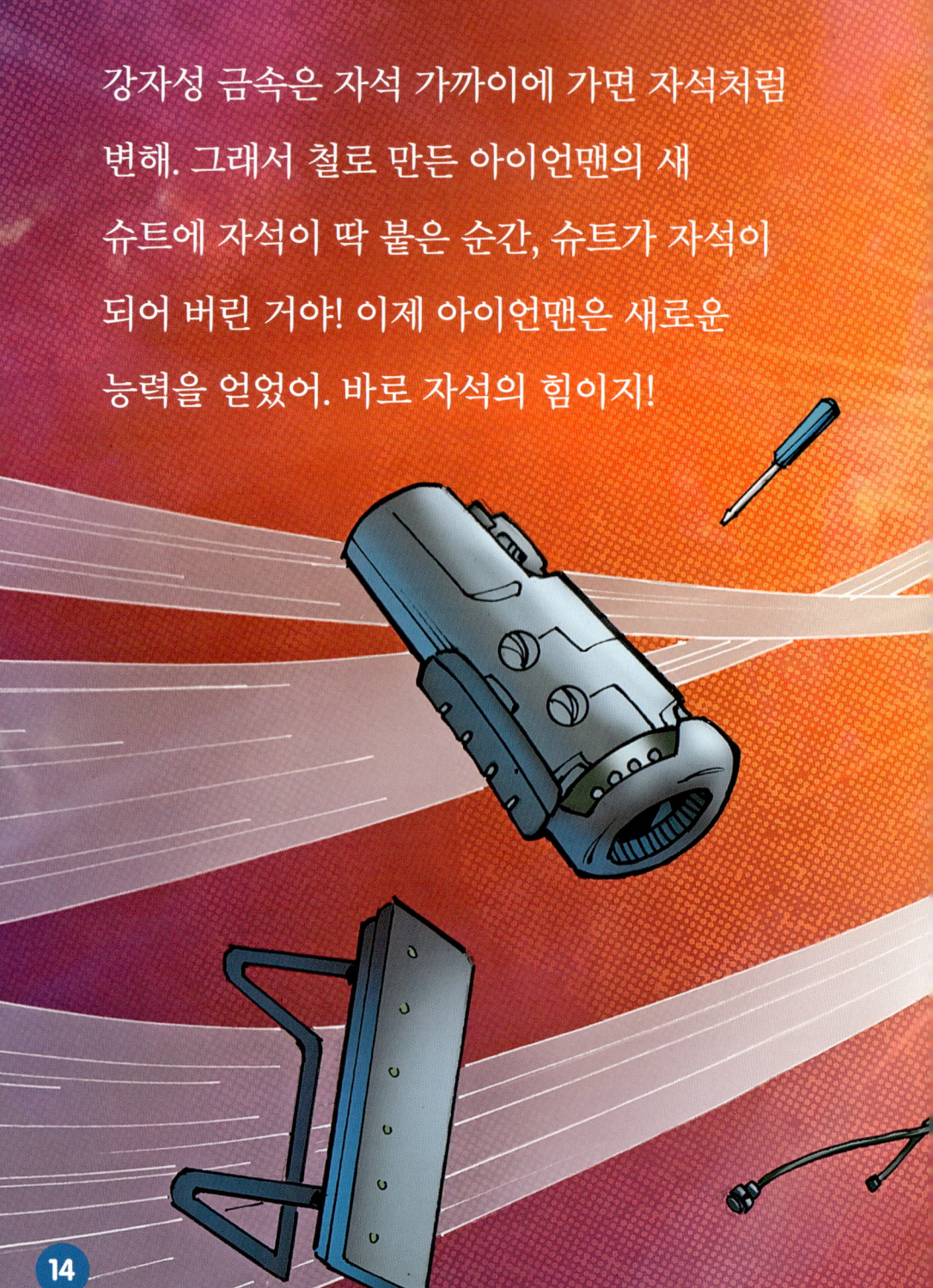

자석 주변에 무슨 일이?

재미있는 실험 시간이야! 아이언맨이 큼직한 탁자에 철가루를 잔뜩 뿌렸어. 그러고는 자석이 된 금속 장갑을 그 위로 살짝 가져다 댔지. 이제 무슨 일이 벌어질까? 우아, 꼼짝도 않던 철가루가 저절로 움직이기 시작했어!

그런데 가만 보니까 철가루가 자석 주변에 줄을 서듯 쭉 늘어서 있고, 어떤 건 극에서 튀어 나가듯 멀어져 있네. 왜 그런 걸까? 바로 **자기장** 때문이야. 자기장은 자석 주위에 자석의 힘이 퍼져 있는 공간이야. 그래서 철가루가 이 공간에 들어오면, 자석의 힘을 따라 움직이게 되지. 철가루가 움직인 모양으로 자기장을 볼 수 있는 거야.

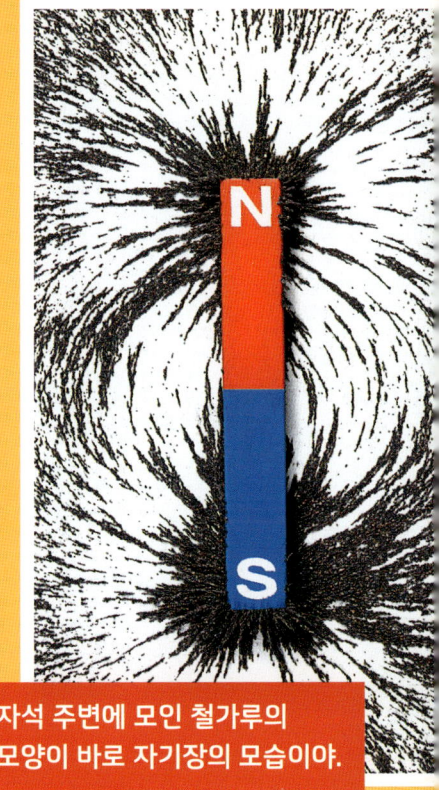

자석 주변에 모인 철가루의 모양이 바로 자기장의 모습이야.

자석 용어 풀이

자기장: 자석 주위에 자석의 힘이 퍼져 있는 공간.

모든 자석 주변에는 눈에 보이지 않는
자기장이 있어. 지구도 마찬가지야!
자기장은 크기가 클 수도 있고,
작을 수도 있어. 힘이 아주
센 것도 있고, 약한 것도
있지.

정말 강한 자기장은
물속에서도 힘을 내! 나무
탁자 아래에서 철을
끌어당기는가 하면, 우주에서도
힘을 발휘하지.

6 자석에 관한 가지 기막힌 사실

1
시리얼에는 '철분'이라는 영양소가 많이 들어 있어서 힘이 센 자석을 가까이 대면 시리얼 조각이 끌려오기도 해!

2
사람이 소리를 귀로 듣고, 냄새를 코로 맡듯이 새에게는 지구 자기장을 느끼는 감각이 따로 있어.

3
자석의 힘으로 공중에 떠서 달리는 열차도 있어. '자기 부상 열차'라고 하는데, 진짜 빨라!

4. '테레민'이라고 하는 신기한 악기는 자기장을 이용해서 손을 대지 않고도 소리를 낼 수 있어.

5. 자석처럼 철을 끌어당기는 돌 가운데 가장 먼저 발견된 것은 자철석이야.

6. 목성은 태양계에서 가장 강한 자기장을 가진 행성이야!

 머리를 때려야만 칭찬받는 것은?

 망치

하지만 다행히 아이언맨은 방법을 알고 있었어. 자석의 힘을 없애려면? 답은 간단해. 세게 한 방 치는 거지!

자석을 세게 치면 자석 안에 있는 자기의 영역들이 흐트러지면서 자기장이 약해져. 그렇게 자석은 힘을 잃게 되지.

토르는 기다렸다는 듯이 망치를 들었고, 슈트를 시원하게 후려쳤어!

쨍 강!

자석으로 길을 찾으려면?

사람들은 옛날부터 길을 찾을 때 **나침반**을 썼어. 그런데 나침반은 어떻게 방향을 알려 주는 걸까?

나침반 속엔 N극과 S극을 가진 작은 자석 바늘이 들어 있어. 이 자석 바늘의 N극은 늘 북쪽을 가리켜. 거대한 자석인 지구의 북쪽 끝은 S극이기 때문에 자석 바늘의 N극이 북쪽을 향하는 거야. 자석의 N극은 S극에 끌리는 성질이 있으니까. 그래서 나침반만 있으면 어디서든 방향을 알 수 있어!

자석 용어 풀이

나침반: 자석 바늘로 방향을 알려 주는 도구. 바늘은 항상 북쪽을 가리킨다.

아이언맨과 함께 나침반 만들기

아이언맨이랑 같이 나침반을 만들어 보자. 누구나 집에서 뚝딱 만들 수 있을 만큼 쉬워!

준비물: 그릇, 물, 클립, 자석, 플라스틱 병뚜껑

① 먼저 그릇에 물을 채워.

아이언맨이 좋아하는 새는?
 철새

② 클립을 쭉 펴고, 한쪽 끝을 자석의 N극에 여러 번 문질러. 그러면 문지른 쪽은 S극, 문지르지 않은 반대쪽은 N극인 자석이 돼.

③ 물이 든 그릇에 플라스틱 병뚜껑을 띄우고, 그 위에 자석이 된 클립을 살살 올려. 떨어지지 않게 균형을 잘 잡아야 해!

④ 클립이 빙글빙글 돌다가 멈출 때까지 기다려 봐. 자석에 문지르지 않은 쪽(N극)이 지구의 북쪽을 가리킬 거야.

나침반을 들고 모험을 떠나 영웅이 되어 보자!

도전! 자석 박사

이 책을 읽고 자석에 대해 얼마나 알게 되었어? 아래 퀴즈를 풀면서 확인해 봐! 준비됐으면 지금 바로 도전! 정답은 31쪽 아래에 있어.

1 자석의 서로 다른 극이 만나면 어떻게 될까?
A. 밀어낸다.
B. 아무 일도 일어나지 않는다.
C. 끌어당긴다.
D. 빙글빙글 돈다.

2 다음 중 자석이 될 수 있는 금속만 모아 놓은 것은?
A. 칼슘, 마그네슘, 인
B. 철, 니켈, 코발트
C. 금, 은, 구리
D. 고체, 액체, 기체

3 지구는 거대한 무엇일까?
A. 유리 공
B. 소행성
C. 구슬
D. 자석

다음 중 자기장이 생길 수 있는 곳은?
A. 물속
B. 우주
C. 지구
D. 위의 셋 모두

자기장의 힘은 눈에 어떻게 보일까?
A. 보이지 않는다.
B. 분홍색으로 보인다.
C. 번개처럼 번쩍했다가 금방 사라진다.
D. 안개처럼 뿌옇게 보인다.

다음 중 손을 대지 않고도 연주할 수 있는 신기한 악기는?
A. 피아노
B. 기타
C. 테레민
D. 실로폰

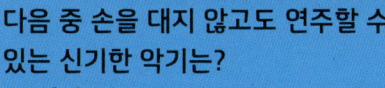
오랜 옛날부터 사람들은 무엇을 이용해 방향을 찾았을까?
A. 나침반
B. 구름
C. 휴대폰
D. 냄새

정답: ①C, ②B, ③D, ④D, ⑤A, ⑥C, ⑦A

이 용어는 꼭 기억해!

나침반: 자석 바늘로 방향을 알려 주는 도구. 바늘은 항상 북쪽을 가리킨다.

자석: 몇몇 금속을 끌어당기거나 밀어내는 물체.

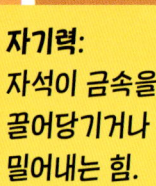

자기력: 자석이 금속을 끌어당기거나 밀어내는 힘.

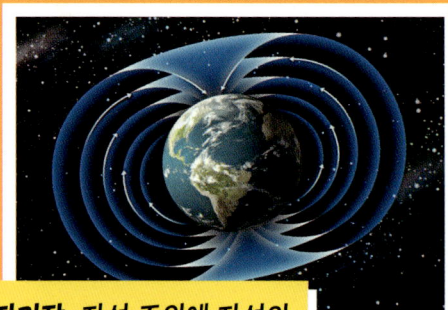

자기장: 자석 주위에 자석의 힘이 퍼져 있는 공간.

금속: 단단하고 반짝이며, 전기나 열이 잘 통하는 물질.

극: 자석의 양 끝에 힘이 가장 센 곳.